Kleiner Deutscher Kolonialatlas

Herausgegeben

von der

Deutschen Kolonialgesellschaft

Dritte durchgesehene und vermehrte Ausgabe.

INHALT:

Text.
1. Weltkarte.
2. Afrika und Europa.
3. Togo und Hinterland.
4. Kamerun.
5. Deutsch-Südwestafrika.
6. Deutsch-Ostafrika.
7. Deutsche Besitzungen im Stillen Ocean.
8. Ost-China, mit dem deutschen Pachtgebiete Kiau-tschou.

Die Karten der Schutzgebiete 3 bis 6 im einheitlichen Massstabe von 1 : 5 000 000; die Karten 7 und 8 im Massstabe von 1 : 12 000 000.

BERLIN 1899.
Verlag von DIETRICH REIMER (Ernst Vohsen).

Deutsche Kolonialgesellschaft.

Präsidium:

Ehrenpräsident: Fürst zu Hohenlohe-Langenburg, Kaiserlicher Statthalter in Elsass-Lothringen, Strassburg i. E.
Präsident: Herzog Johann Albrecht zu Mecklenburg, Schwerin i. M.
Geschäftsführender Vicepräsident: Sachse, Wirkl. Geh. Rat, Berlin.
Stellvertretende Präsidenten in Berlin: Simon, Geh. Regierungsrat; von Hofmann, Staatsminister; Graf von Arnim-Muskau, Reichstagsabgeordneter; Prinz von Arenberg, Mitglied des Reichstages und des Preuss. Landtages.

Schon lange vor der Wiederaufrichtung des Deutschen Reiches hatten weitblickende deutsche Fürsten und patriotische Männer den Erwerb von Kolonien als ein Ziel nationaler Politik ins Auge gefasst. Aber die Kraft zur Verwirklichung dieses Wunsches fand Deutschland erst, nachdem es die Einigung im Innern und eine gebührende Macht gegen aussen auf den französischen Schlachtfeldern sich erkämpft hatte. Dem überlegenen Einfluss, welchen Kaiser Wilhelm I. und sein grosser Kanzler auf die Weltpolitik ausübten, verdanken wir es, dass Deutschland im Jahre 1884 in zwei Weltteilen von wertvollen Gebieten Besitz nahm.

Bereits vor dem Jahre 1884 bestanden in mehreren Städten Deutschlands private Vereine und Gesellschaften (der Deutsche Kolonialverein wurde am 6. Dezember 1882 gegründet), welche koloniale Zwecke verfolgten. Diese Vereine waren nicht blos bemüht, das Verständnis für die kolonialen Aufgaben des deutschen Volks zu fördern, sondern ihr Bestreben ging u. a. dahin, die Auswanderungsfrage in nationalem Sinne zu beeinflussen und der sich immer bedrohlicher gestaltenden Erstarkung anderer Nationalitäten auf Kosten deutschen Kapitals und deutscher Arbeit im Weltverkehr entgegenzuwirken.

Der Besitz eigener Kolonien legte den mit Kolonialpolitik sich beschäftigenden Gesellschaften naturgemäss die Verpflichtung auf, ihre Bestrebungen auf die deutschen Kolonien, auf deren Erforschung und wirtschaftliche Erschliessung auszudehnen. Am 28. März 1884 erfolgte die Gründung der Gesellschaft für deutsche Kolonisation in Berlin.

Durch die von dem Deutschen Kolonialverein und der Gesellschaft für deutsche Kolonisation auf ihren Hauptversammlungen am 19. Dezember 1887 gefassten Beschlüsse fand eine Verschmelzung beider statt. Aus dieser Verschmelzung entstand die

Deutsche Kolonialgesellschaft.

Erster Präsident dieser Gesellschaft war der jetzige Kaiserliche Statthalter in Elsass-Lothringen, Seine Durchlaucht Fürst zu Hohenlohe-Langenburg, welcher jetzt noch als Ehrenpräsident in enger Fühlung mit der Gesellschaft steht. Sein Nachfolger in der Stelle des Präsidenten ist Seine Hoheit der Herzog Johann Albrecht zu Mecklenburg.

Gegenwärtig besteht die Deutsche Kolonialgesellschaft aus 287 Zweigvereinen — Abteilungen — und zwar 279 in Deutschland, 8 ausserhalb Deutschlands (Antwerpen, Paris, London, Tokio, Apia, Batavia, Palermo und Chicago) und 139 Ortsgruppen. Sie zählt 27000 Mitglieder.

Die Zwecke, welche die Deutsche Kolonialgesellschaft nach ihren Satzungen verfolgt, sind folgende:

1. die nationale Arbeit der Deutschen Kolonisation zuzuwenden und die Erkenntnis der Notwendigkeit derselben in immer weitere Kreise zu tragen;
2. die praktische Lösung kolonialer Fragen zu fördern;
3. deutsch-nationale Kolonisationsunternehmungen anzuregen und zu unterstützen;
4. auf die geeignete Lösung der mit der deutschen Auswanderung zusammenhängenden Fragen hinzuwirken;
5. den wirtschaftlichen und geistigen Zusammenhang der Deutschen im Auslande mit dem Vaterlande zu erhalten und zu kräftigen;
6. für alle auf diese Ziele gerichteten, in unserem Vaterland getrennt auftretenden Bestrebungen einen Mittelpunkt zu bilden.

Entsprechend der durch die geschichtliche Entwicklung gegebenen Zweckbestimmung ist die Thätigkeit der Gesellschaft teils eine werbende — sie will das Verständnis und Interesse für die kolonialen Aufgaben des deutschen Volks anregen und fördern —, teils von praktischer Art.

Werbend wirkt die Gesellschaft

1. durch die von ihr herausgegebene wöchentlich erscheinende Deutsche Kolonialzeitung, welche allen Mitgliedern kostenfrei zugestellt wird. Die Deutsche Kolonialzeitung bringt Ausführungen über allgemeine koloniale Fragen, berichtet über die Arbeiten der Gesellschaft, bespricht die Ereignisse auf kolonialem Gebiet und ist bemüht, in die koloniale Bewegung Deutschlands führend einzugreifen;
2. durch Veranstaltung von Vorträgen über kolonialpolitische Verhältnisse in den Zweigvereinen;
3. durch Zusendung von Werbemitteln — Karten, Abhandlungen verschiedenen Inhalts — an dieselben;
4. durch Herausgabe und Unterstützung von Werken kolonialen Inhalts;
5. durch Unterhaltung einer umfangreichen Bibliothek, deren Benutzung jedem Mitgliede gestattet ist.

Die praktische Thätigkeit der Gesellschaft ist ihrem Charakter nach verschieden. Die Gesellschaft ist bemüht, jedes gesunde national-deutsche Unternehmen oder Interesse auf kolonialem Gebiet im weiteren Sinne, ob dasselbe sich auf deutsche Schutzgebiete oder ausserdeutsche überseeische Länder bezieht, nach Kräften zu fördern. Dementsprechend hat die Deutsche Kolonialgesellschaft

1. auf alle die Entwicklung der deutschen Schutzgebiete und die Interessen der Deutschen im Auslande berührenden Fragen eingewirkt und den Standpunkt der kolonialfreundlichen Kreise Deutschlands an massgebender Stelle vertreten (Antisklavereibestrebungen, Emin Pascha-Expedition, Abgrenzungsfragen der Schutzgebiete, Auswanderungsgesetz, Samoafrage u. s. w.);
2. Expeditionen zur Erforschung der deutschen Schutzgebiete und deren Hinterländer teilweise in Verbindung mit anderen Organen ausgerüstet und entsandt (Somaliland-Expedition, Kamerun-Expedition, Togo-Expedition, Expedition nach Neu-Guinea);
3. die wirtschaftliche Erschliessung der Schutzgebiete teils selbst in Angriff genommen, teils dahin zielende Unternehmungen Jahre hindurch aus ihren Mitteln erheblich unterstützt (Entsendung des Herrn J. Rindermann nach Ostafrika, Reisen der Herren Graf J. Pfeil, Dr. Dove, Stabsarzt Dr. Sander und des Freiherrn von Uechtritz nach Südwestafrika, Kilimandscharostation: Dr. Lent, Forstassessor Wiener; Reise des Redakteurs Meinecke nach Ostafrika u. s. w.);
4. die tropenhygienische Forschung angeregt und durch Beschaffung von Material und finanzielle Zuwendungen gefördert;
5. die deutsche Schule in Tanga durch namhafte Beiträge Jahre hindurch unterstützt;
6. die Siedelung deutscher Landwirte in Südwestafrika ins Leben gerufen, den Ansiedlern daselbst durch das von ihr geschaffene Syndikat zur Begründung wirtschaftlicher Unternehmungen erhebliche Kapitalunterstützungen gewährt und zum Zweck der Siedelung eine direkte Dampferverbindung zwischen Hamburg und Südwestafrika begründet;
7. im Laufe der Jahre Tausenden von Auswanderern auf Anfrage unentgeltliche Auskünfte über Einwanderungsgebiete erteilt u. s. w., u. s. w.

Unter Hinweis auf die vorstehende uneigennützige, auf die Ausbreitung des kolonialen Gedankens im deutschen Volk und auf die Nutzbarmachung des errungenen Kolonialbesitzes hinzielende Thätigkeit der Gesellschaft fordern wir Männer aller politischen Parteien Deutschlands zum Beitritt zu derselben auf.

Der Jahresbeitrag beträgt für Mitglieder in Deutschland und Oesterreich-Ungarn 6 Mark, für ausserhalb Deutschlands und Oesterreich-Ungarns lebende Mitglieder 8 Mark. Freiwillige Mehrzahlungen sind erwünscht. Die Abteilungen erheben zur Deckung der örtlichen Unkosten für Versammlungen und Vorträge einen Zuschlag von 2 bis 4 Mark. In Berlin beträgt der Zuschlagsbeitrag 3 Mark.

Durch einmalige Zahlung von 300 Mark wird die ständige Mitgliedschaft erworben.

Sämtliche Mitglieder erhalten die 52 mal im Jahre erscheinende Deutsche Kolonialzeitung.

Anmeldungen bitten wir an die Deutsche Kolonialgesellschaft, Berlin W., Potsdamerstr. 22a, zu richten.

Die Deutsche Kolonialgesellschaft.

Erdkarte zur Uebersicht des deutschen Kolonialbesi

Deutsche Dampfsc

1. *Bremerhaven—Shanghai 48 Tage (Norddeutscher Lloyd).*
2. *Hongkong—Japan—Hongkong 16 Tage (Norddeutscher Lloyd).*
3. *Hamburg—Westafrika (Woermann-Linie).*
4. *Antwerpen—Kongo 25 Tage (Woermann-Linie).*
5. *Hamburg—Neapel—Natal 50 Tage (Deutsche Ostafrikalinie).*
6. *Hamburg—Neapel—Delagoabay 48 Tage (Deutsche Ostafrikalinie).*
7. *Bremerhaven— Southampton bezw. Cherbourg—New-York 8½ Tage (Norddeutscher Lloyd).*
8. *Genua—New-York 12—13 Tage (Norddeutscher Lloyd u. Hamburg-Amerika-Linie).*
9. *Bremerhaven— Baltimore 13 Tage (Norddeutscher Lloyd).*

9. *Hamburg—Baltimore (Ha*
10. *Cuxhaven—Southampton (*
York 8 Tage (Hamburg-A
11. *Hamburg—Havre—New-Y*
12. *Hamburg—Westindien bez*
13. *Hamburg—Brasilien (Ham*
Linie).
14. *Hamburg—Buenos Aires*
Dampfschiffahrts-Gesells
15. *Hamburg—Callao 62—72*
Dampfschiffslinie).

24. *Shanghai—Kiautschou-*

Geographisc
DIETRICH REIME
Wilhel

trägt die mittlere Ortszeit unter den verschiedenen Längengraden:

es und der Postdampferlinien des Deutschen Reiches.

-linien im Weltpostverkehr.

-Amerika-Linie).
—Plymouth — Cherbourg) — New-
-ka-Linie).
-Tage (Hamburg-Amerika-Linie).
-exico (Hamburg-Amerika-Linie).
Südamerikan. Dampfschifffahrts-

-ge (Hamburg-Südamerikanische
-.
(Kosmos und Hamburg-Pacific-

-ifu—Taku (Rhederei Jebsen).

16. Bremerhaven—Brasilien 33—36 Tage (Norddeutscher Lloyd).
17. Bremerhaven—Buenos Aires 28—33 Tage (Norddeutscher Lloyd und Dampfschifffahrts-Gesellschaft Hansa).
18. Bremerhaven—Sydney 55 Tage (Norddeutscher Lloyd).
19. Singapore—Deutsch Neu-Guinea 16 Tage (Norddeutscher Lloyd).
20. Sansibar—Bombay (Deutsche Ost-Afrika-Linie) direct 12 Tage, über Tanga—Mombasa—Lamu 13 Tage.
21. Hamburg—Südbrasilien (Hamburg-Südamerikan. Dampfschiff.-Gesellschaft und Rhederei de Freitas & Co.)
22. Hamburg—Swakopmund (Woermann-Linie) 30 Tage.
23. Capstadt—Swakopmund—Cap Cross (R.ederei Troost).

-lagshandlung
.VOHSEN) BERLIN.
-asse 29.

Geographische Verlagshandlung
DIETRICH REIMER (E. VOHSEN) BERLIN.
Wilhelmstrasse 29.

Postdampfschiffverbindungen nach den Deutschen Schutzgebieten in Afrika.

1. Deutsch-Ostafrika.

Deutsche Ost-Afrika-Linie

Hamburg—Neapel—Dar-es-Salam (—Delagoabay bz. Natal), von Neapel ab 19—20 Tage.

Jede 2. Woche.

Peninsula and oriental St. N. C. und British India Steam Navigation Cy.

Brindisi—Aden—Mombasa—Sansibar, von Brindisi ab 21 Tage.

Jede 4. Woche.

Messageries Maritimes

Marseille—Aden—Sansibar 18 Tage.

Monatlich 1 Mal.

2. Deutsch-Südwestafrika.

Woermann-Linie

Hamburg—Swakopmund (-ev. Lüderitzbucht und Kapstadt) 30 Tage.

Monatlich 1 Mal.

Castle Mail Packets Cy. und Union Steam Ship Cy.

Southampton—Kapstadt (läuft zuweilen Walfischbay an).

Rhederei Troost in Hamburg

Kapstadt—Lüderitzbucht—Swakopmund— Cap Cross (Kapstadt—Swakopmund 7 Tage).

Alle 4 Wochen.

3. Kamerun.

Woermann-Linie

Hamburg—Togo—Kamerun 24 Tage.

Monatlich 1 Mal.

British and African Steam Navigation Cy. und African Steam Ship Cy.

Liverpool—Kamerun (—Loanda) 22 Tage.

Jede 4. Woche.

4. Togo-Gebiet.

Woermann-Linie

Hamburg—Lome—Bagida—Klein-Popo 20—33 Tage.

Monatlich 3 Mal.

British and African Steam Navigation Cy. und African Steam Ship Cy.

Liverpool—Quittah oder Klein-Popo 35 Tage.

Jede 2. Woche.

Geographisch
DIETRICH REIME
Wilhel

lagshandlung
.VOHSEN) BERLIN.
asse 29.

Geographisc
DIETRICH REIM
Wilhe

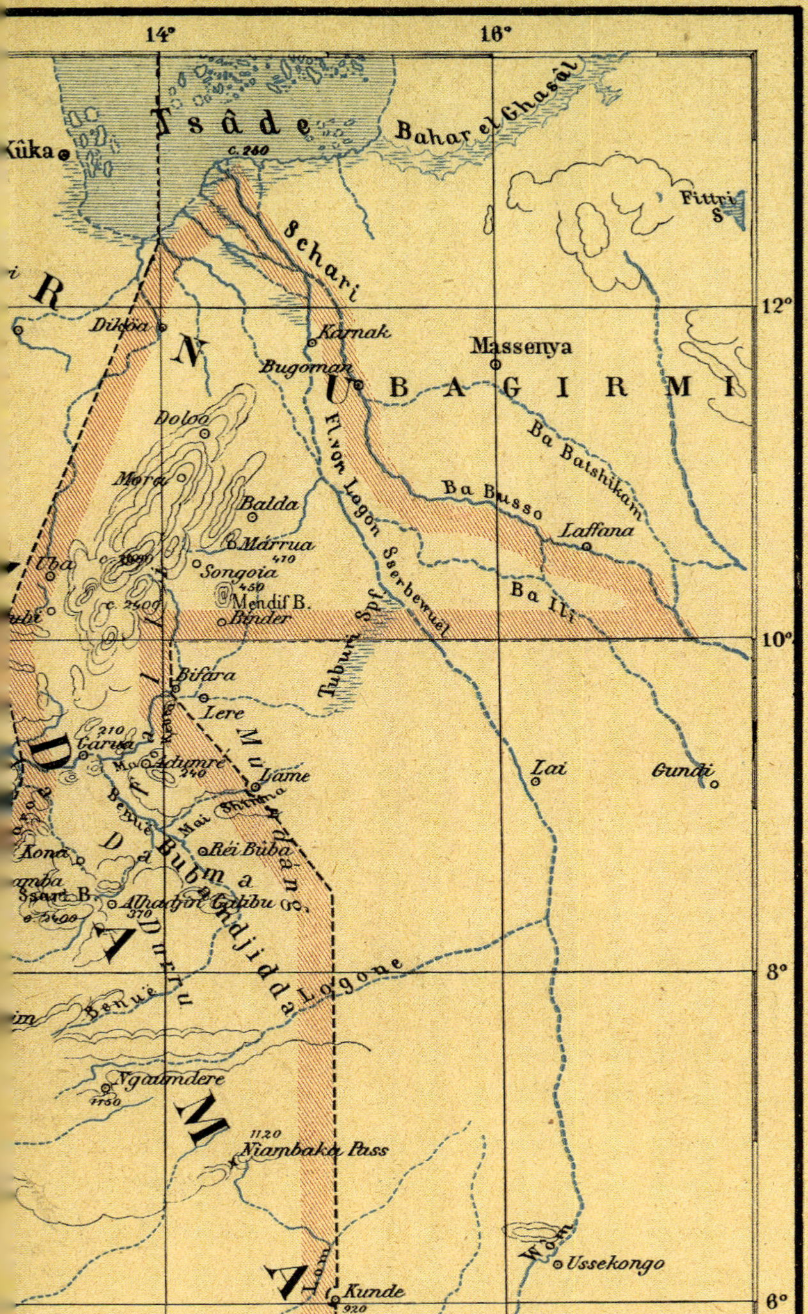

lagshandlung
C. VOHSEN) BERLIN.
asse 29.

Geographische Verlagshand
DIETRICH REIMER (E. VOHS
Wilhelmstrasse 29.

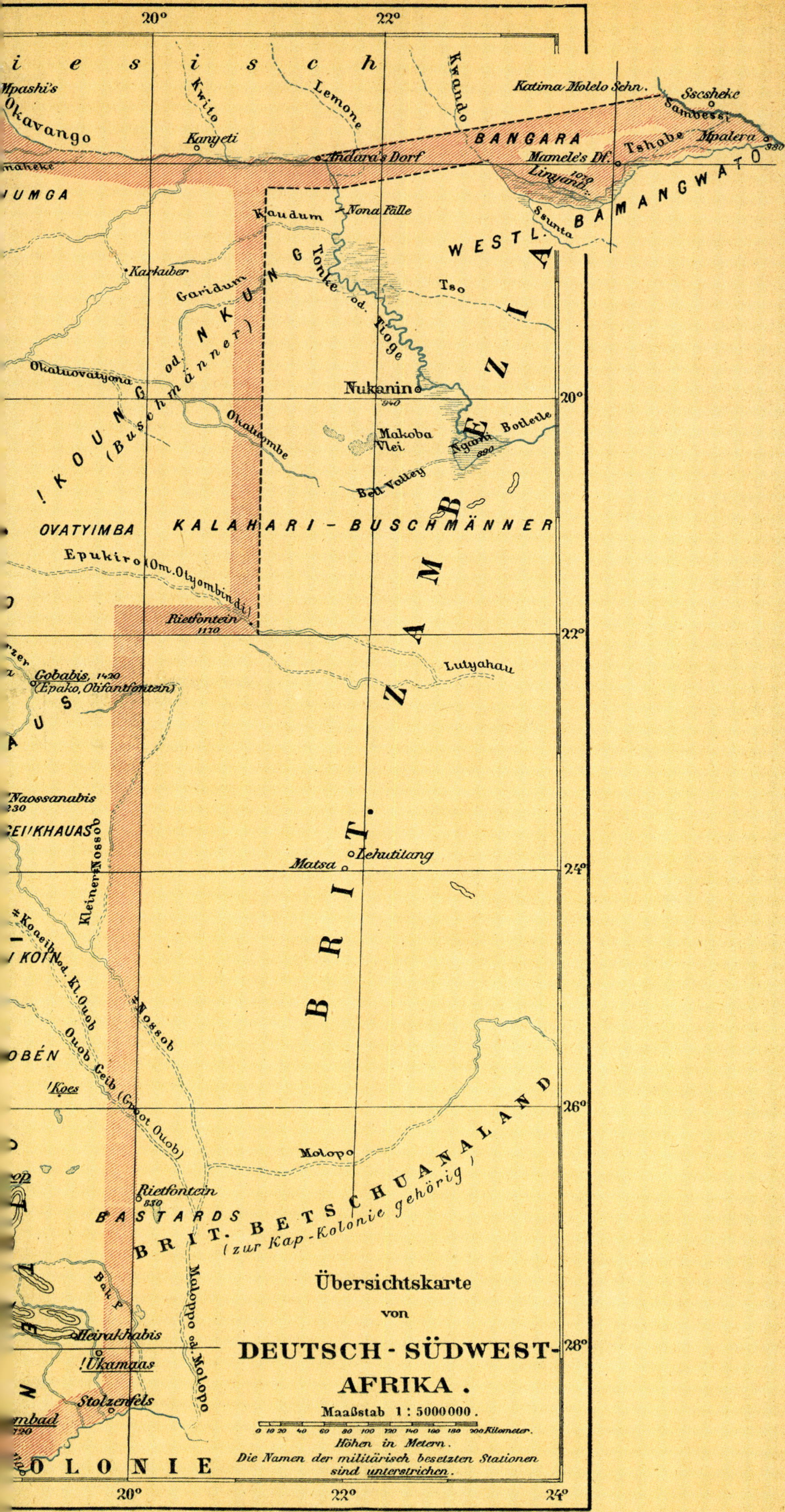
Übersichtskarte
von
DEUTSCH-SÜDWEST-AFRIKA.
Maaßstab 1 : 5000000.
Kilometer
Höhen in Metern.
Die Namen der militärisch besetzten Stationen sind unterstrichen.
20°
22°
24°
26°
28°
i e s i s c h
Mpashi's
Okavango
Kwito
Kanyeti
Lemone
Kwando
Katima Molelo Schn.
Sescheke
Sambesi
BANGARA
Mamele's Df.
Tshobe
Mpalera
380
Andara's Dorf
Linyanti
1010
Ssunta
BAMANGWATO
UMGA
Kaudum
Nona Fälle
WESTL.
Karkaiber
Garidum
NKUNG
Tonke od. Tioge
Tso
od.
Okaluovatyona
Nukanin
940
Okahombe
Makoba Vlei
Ngami
890
Botletle
!KOUN (Buschmänner)
Bell Valley
OVATYIMBA
KALAHARI-BUSCHMÄNNER
Epukiro (Om. Otyombindi)
Rietfontein
1170
Lutyahau
Gobabis, 1420
(Epako, Olifantfontein)
ZAMBEZIA
Naossanabis
230
GEI KHAUAS
Kleiner Nossob
Matsa
Lehutitang
BRIT.
Koaeib od. Kl. Ouob
KOIN
Nossob
Ouob
Geib (Groot Ouob)
OBÉN
!Koes
Molopo
Rietfontein
850
BASTARDS
BRIT. BETSCHUANALAND
(zur Kap-Kolonie gehörig)
Molopo od. Molopo
Heirakhabis
!Ukamaas
Stolzenfels
KOLONIE

Geographisch
DIETRICH REIME
Wilhel

Bezirke im November 1898: I Kilimandjaro. II West-Usambara. III Tanga. IV Panga
XI Kilimatinde. XII Tabora. XIII Mwansa. XIV Bukoba. XV Udjidji. XVI Ukonongo.

lagshandlung
. VOHSEN) BERLIN.
asse 29.

Saadani. VI Bagamoyo. VII Dar-es-Ssalâm. VIII Kissakki. IX Kilossa. X Mpapwa.
inga. XVIII Langenburg. XIX Magwangwara. XX Kilwa. XXI Lindi. XXII Mikindani.

Geographisc
DIETRICH REIM
Wilhel

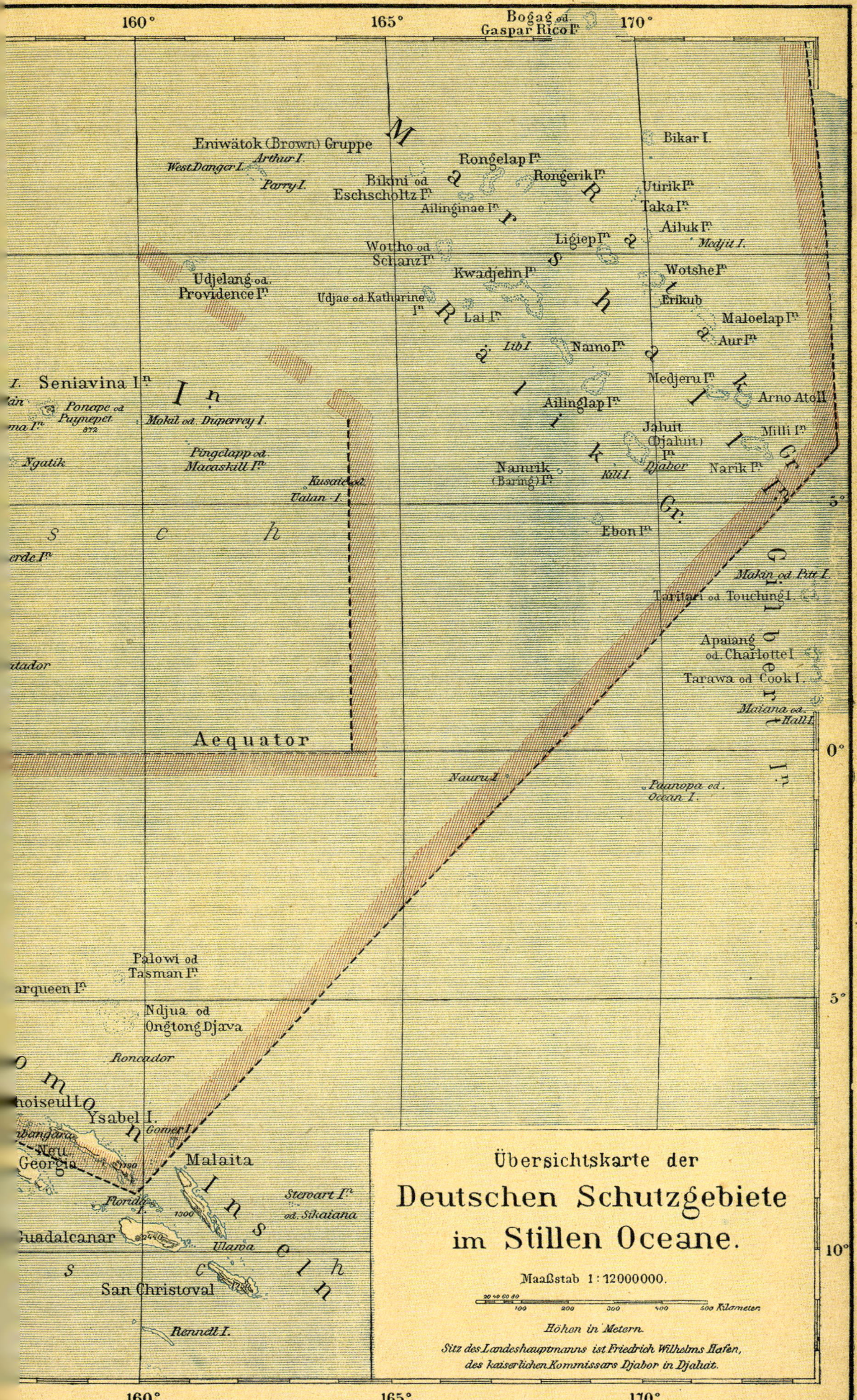

rlagshandlung
E. VOHSEN) BERLIN.
rasse 29.

Geographisch
DIETRICH REIME
Wilhel

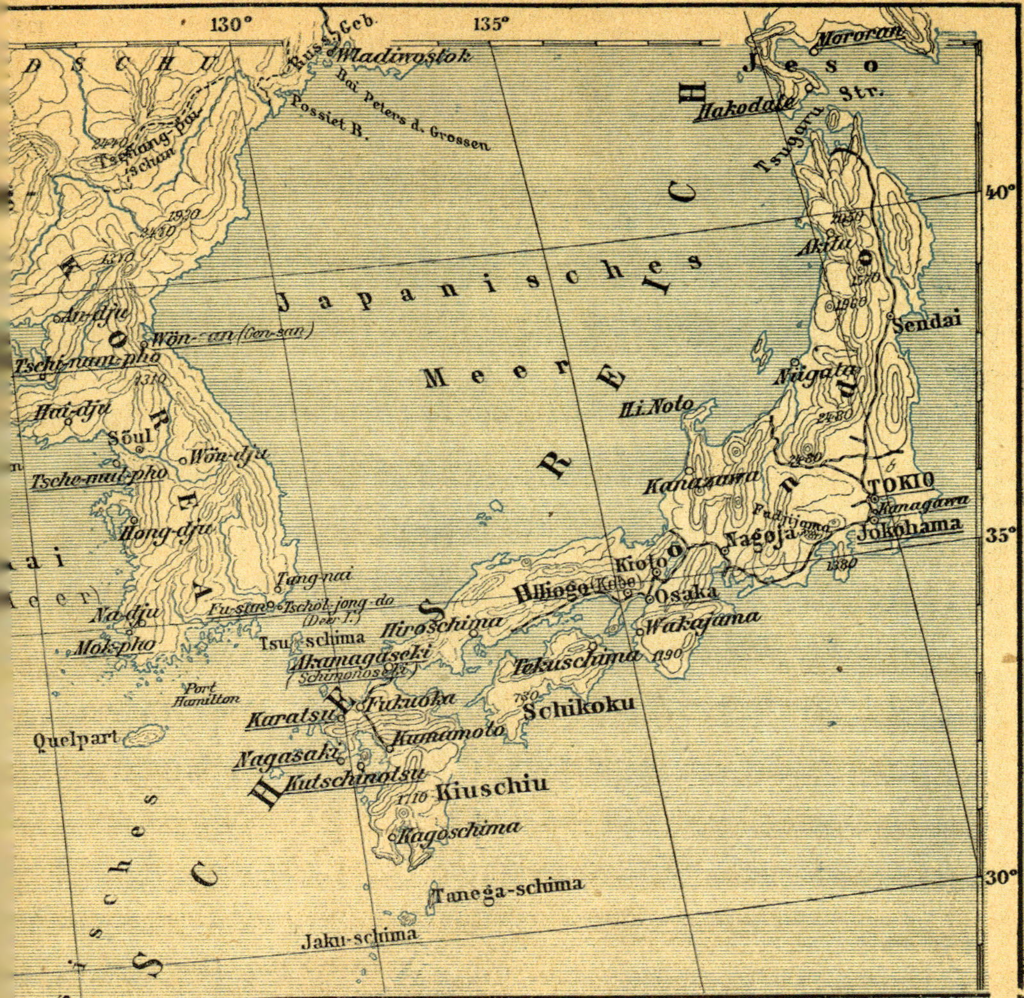

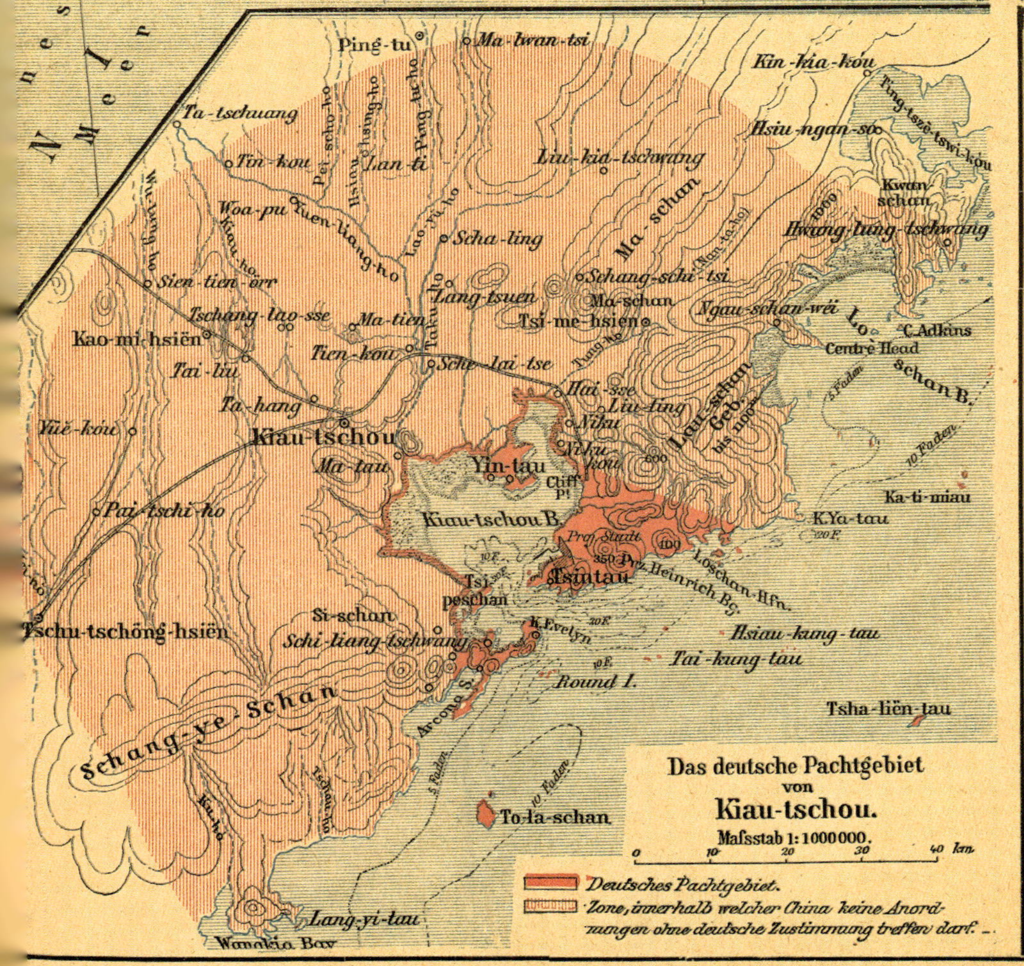

Das deutsche Pachtgebiet von Kiau-tschou. Maßstab 1:1000000.

agshandlung
VOHSEN) BERLIN.
sse 29.

Bemerkungen zu den Karten:

Erdkarte. [Karte No. 1.]

Zur Übersicht des deutschen Kolonialbesitzes und der Postdampferlinien des Deutschen Reiches.

Im Jahre 1897 hatte die deutsche Einfuhr einen Wert von 4 864 600 000 Mk., die Ausfuhr einen solchen von 3 786 200 000 Mk.

Die deutsche Handelsflotte steht in ihrer Gesamttragfähigkeit hinter der grossbritannischen und der nordamerikanischen zwar zurück, sie nimmt jedoch, was die Zahl und Tragfähigkeit der Handelsdampfer betrifft, die zweite Stelle ein.

Bestand der deutschen Kauffahrteiflotte:

	Zahl der Schiffe		Register-Tons		Besatzung		
	1871	1897	1871	1897	1871	1897	
Segelschiffe . .	4 372	2 552	900 361	597 617	34 739	14 629	Mann
Dampfschiffe . .	147	1 126	81 994	889 960	4 736	26 176	„
Zusammen	4 519	3 678	982 355	1 487 577	39 475	40 805	Mann.

Kaiserliche Marine: Die Kaiserliche Marine zählt im Etatsjahr 1898/99 19 Panzerschiffe, 13 Panzer-Kanonenboote, 24 Kreuzer, 3 Kanonenboote, 10 Avisos, 17 Schulschiffe, 10 Schiffe zu besonderen Zwecken, zusammen 96 Kriegsschiffe mit einem Besatzungs-Etat von 26499 Mann und 324 546 Tonnen Deplacement.

Auswanderung: Im Jahre 1897 betrug die Gesamtzahl der deutschen Auswanderer nach überseeischen Ländern 24 631 (die kleinste Ziffer in den letzten 18 Jahren). Von den Auswanderern gingen im Jahre 1897 über deutsche, belgische und holländische Häfen nach den Vereinigten Staaten von Amerika 19 030, nach Brasilien 899, nach anderen Teilen von Amerika 1719, nach Afrika 1103, Asien 145, Australien 324. In den letzten 18 Jahren weist das Jahr 1881 die grösste Auswanderungsziffer aus Deutschland mit 220 902 auf.

Afrika und Europa. [Karte No. 2.]

Zur Übersicht der Kabel- und Dampfschiffsverbindungen zwischen Europa und Afrika.

Togo, Kamerun und Deutsch-Ostafrika haben Kabelverbindung mit Europa im Anschluss an die im französischen und bezw. englischen Besitz befindlichen Landlinien und westlichen und östlichen überseeischen Kabellinien. Mit Südwestafrika soll der Anschluss an das englische Kabel in diesem Jahre noch bewirkt werden. Der nächstgelegene Hafen für Aufgabe von Telegrammen war bisher Kapstadt, welches regelmässige Postverbindung mit Südwestafrika hat.

Neu-Guinea, der Bismarckarchipel und die Marshallinseln sind gleichfalls ohne Kabelverbindung. Der nächstgelegene Hafen mit Kabelanschluss nach Europa und regelmässiger Dampferverbindung nach Neu-Guinea u. s. w. ist Singapore.

Togo. [Karte No. 3.]

Die Grösse des Schutzgebietes wird nach dem deutsch-französischen Abkommen vom 23. Juli 1897 auf 82 300 qkm (= Königreich Bayern) berechnet. Zwecks vollständiger Abgrenzung des Gebietes ist noch eine Auseinandersetzung mit England erforderlich.

Bevölkerung: ca. 2 500 000 Einwohner, darunter 110 Europäer, wovon 102 Deutsche.

Bewässerung und Bodengestalt: An der 50 km langen Küste starke Brandung, daher Landung mit Schwierigkeiten verbunden. Die Mündung des in seinem Unterlauf schiffbaren Voltaflusses befindet sich im englischen Gebiet. Südlich vom 7. Breitengrade bildet der Thalweg des Mono die Grenze zwischen dem Schutzgebiet und der französischen Dahomey-Kolonie. Der in seinem ganzen Lauf im deutschen Gebiet befindliche, sich in den Atlantischen Ocean ergiessende Hahofluss ist für leichte Fahrzeuge (Kanus) schiffbar; er führt das ganze Jahr hindurch Wasser.

Im Innern des Togogebietes befindet sich ein stark gegliedertes und reich bewaldetes Gebirge; einige Gipfel über 900 m hoch.

Klima: Im Küstenlande mittlere Jahrestemperatur etwa 26° Celsius, im Innern 23° C. Stärkster Seewind während der beiden Regenzeiten Ende April bis Mitte August und Mitte Oktober bis Ende November. Während des Dezember und der ersten Hälfte des Januar weht der Hamatan (heisser, trockner Landwind).

Die Bewohner Südtogos gehören dem Ewestamme an und sind Fetischverehrer. Die Bewohner Nordtogos gehören dem Haussastamme an und sind Muhamedaner.

Ausfuhr: Palmöl, Palmkerne, Gummi, Elfenbein, Kaffee, Kopra, Kokosnüsse (in den Missjahren 1896 und 1897: 1 309 753 bezw. 771 025 Mk.). Einfuhr: Baumwollwaren, Spirituosen, Holz und Holzwaren, Tabak, Cigarren, Materialwaren (1896: 1 651 417 — 1897: 1 975 941 Mk.).

Verbindung mit Europa dreimal monatlich durch Hamburger und Liverpooler Dampfer. Schiffsverkehr 1896/97: 270 Schiffe mit 390 724 Registertons.

Ortschaften: an der Küste: Klein-Popo (6600 Einwohner), Porto Seguro, Bagida, Sebbe, Lome (4000 Einwohner), Sitz des Gouverneurs); im Innern: Adjido, Togo, Amedjovhe, Ho, Paratau, Gambaga. Bezirksämter: Lome und Klein-Popo. Stationen: Misahöhe, Kpando, Kete Kratshi, Ssanssanne Mangu, Bassari, Atakpame und Paratau.

Schutztruppe (Etatstärke 1897/98): 1 Kommandeur, 3 Unteroffiziere, 150 Farbige.

1895 schloss Dr. Gruner mit dem Sultan von Gandô, von dem Nupe und Ilorin als Vasallenstaaten abhängen, Verträge, welche diese Länder unter deutschen Schutz stellen. Die rote Farbe deutet auf der Karte dieses Verhältnis an.

Kamerun. [Karte No. 4.]

Grösse: 495 000 □ km (= Deutsches Reich).

Bevölkerung: ca. 3 500 000 Einwohner (?), darunter 1897 253 Europäer, wovon 181 Deutsche. An den südlichen Abhängen des Kamerungebirges die Bakwiri ca. 37 000, an den westlichen die Bamboko ca. 20 000, am Kamerunbecken die Duala ca. 20 000. Dünn bevölkert ist das Urwaldgebiet (150—200 km breit), dichter das hochgelegene Savannenland. Kruneger werden als Faktoreiarbeiter und Matrosen verwandt.

Bodengestalt und Bewässerung: Das höchste Gebirge im ganzen Umkreis des Atlantischen Oceans ist das Kamerungebirge (höchster Gipfel der Mongo-ma-Loba, 3960 m). Das Plateauland (7—800 m) steigt im Norden zu dem 1800—3000 m hohen Gebirge von Adamaua an.

Flüsse: Der Rio del Rey, (ein Meereseinschnitt), der Kamerunfluss, nimmt auf den Mungo und den Bimbiafluss, den Wuri (im Unterlauf Madiba Duala) mit dem Abo und dem Dibombe, den Dibambu und den Kwakwa (ein Mündungsarm des Sanaga). In die Biafrabai münden der Lom oder Sanaga, der grösste Strom Kameruns (Nachtigalschnellen) und der Nyong. Das nördliche Gebiet von Kamerun durchfliesst der schiffbare Benuë, der bedeutendste Nebenfluss des Niger, der als internationaler Wasserarm (Nigerschifffahrtsacte 1885) den Nordosten unseres Schutzgebiets mit dem Atlantischen Ocean direkt verbindet; im südlichen findet sich der Oberlauf des Ngoko- bezw. des Ssangaflusses, durch den wir den Anschluss an den Congo haben.

Klima: Das Jahr hat vier Temperaturabschnitte; der Februarmonat mit 27, 10° Celsius ist im Durchschnitt der wärmste, der Julimonat mit 23, 48° Celsius der kühlste Monat.

Handel und Verkehr: Die Ausfuhr besteht in Palmkernen, Gummi, Palmöl, Elfenbein, Kakao, Ebenholz, Tabak, Kolanüssen etc. Wert derselben 1896/97: 3 705 955 Mk.

Eingeführt werden Manufakturwaren, Spirituosen, Materialwaren, gemünztes Geld, Salz, Holz und Holzwaren, Eisen und Eisenwaren, Tabak, Reis, Pulver etc. Wert der Einfuhr 1896/97: 5 895 759 Mk.

Ortschaften: Etwa 25 km von seiner Mündung liegen am Wuri 3 Dualadörfer, Bellstadt, Akwastadt und Didostadt. Der Sitz der Regierung befindet sich auf der Jossplatte, am linken Ufer der Mündung des Wuri in den Kamerunfluss, unmittelbar südlich von Bellstadt in Kamerun.

Verwaltungsbezirke: Kamerun, Edea, Victoria, Kribi.

Stationen: Rio del Rey, Edea (Ediä), Campo, Yaúnde, Lolodorf, Buëa, Johann Albrechtshöhe.

Schutztruppe: 1 Kommandeur, 6 Offiziere, 2 Ärzte, 16 Unteroffiziere, 341 Farbige. Deutschen Militärpersonen unterstehende Polizeitruppen befinden sich in den einzelnen Stationen.

Deutsch-Südwestafrika. [Karte No. 5.]

Grösse: 835 100 □ km (= $1^1/_2$ Deutsches Reich).

Bevölkerung: ca. 200 000. Zahlreichster Bestandteil der Eingeborenen sind die Hereros, ein Bantustamm, nach Schinz 86 000 Seelen. Sie bewohnen das innere Hochland nördlich vom Swakop, nordwärts bis jenseits Waterberg, ostwärts bis zum 18. Grad östlicher Länge von Greenwich, 80—90 000 □ km. Die Bergdamara (nach Missionar Viehe an Zahl 35 000), durchaus verschieden von den Hottentotten, kommen südlich von der Etoshapfanne in ganz Deutsch-Südwestafrika vor und leben in kleinen Abteilungen zwischen den Herero und Hottentotten. Die Hottentotten (ca. 10 000) oder Nama (von gelblicher Hautfarbe) finden sich in Gross-Namaland und einem Teil des Kaokofeldes. Die Ovambo (ca. 60 000), ein Bantustamm im Ambolande, zwischen dem 18. Grad südl. Breite und dem Kunene. Die Buschmänner, einige Tausend an Zahl, führen in der Kalahari und in dem Gebiet zwischen der Etoshapfanne und Damaraland ein ungebundenes Leben. Die Bastards, stärkste Niederlassung bei Rehoboth (sämtlich Christen), sind Mischlinge von Europäern und Hottentotten (nach Wagner 2000 an Zahl). Die weisse Bevölkerung beträgt nach der Zählung vom 1. Januar 1897 2628 Personen, davon 1221 Deutsche männlichen Geschlechts.

Bodengestalt: In seiner ganzen Ausdehnung ist Deutsch-Südwestafrika eine bis zu 1200 m anfangs sanft, dann meist steil ansteigende Terrassen-Landschaft, die sich ca. 300 km vom Meere entfernt binnenwärts zu senken beginnt. Die Breite des wüsten Küstengürtels beträgt mehrere Tagereisen, doch bilden die grössern Flüsse Oasen. Als Hafenplätze werden benutzt Lüderitzbucht (Angra Pequena), Sandwichhafen, die englische Walfischbai an der Mündung des Kuisseb, und Swakopmund an der Mündung des Swakop. Im Innern befinden sich vereinzelt und unregelmässig verteilt zahlreiche Gebirgszüge, Kuppen und Bergreihen, die um mehrere 100 m über das Durchschnittsniveau der Landoberfläche emporragen (Gneis und Granit). Im Süden das 2000 m hohe Karasgebirge, zwischen Rehoboth und Windhoek das Auasgebirge (2130 m hoch), weiter nördlich der Omatakoberg (2680 m hoch). Nach Osten fällt das Plateau zu der im Innern 500 m tiefer gelegenen Kalaharisteppe ab.

Bewässerung: Sämtliche vorhandenen Flüsse können zu Verkehrszwecken nicht benutzt werden. Nur der Orange und Kunene, sowie der sich in den Ngamisee ergiessende Okavango haben das ganze Jahr hindurch fliessendes Wasser, die übrigen sich in den Atlantischen Ocean ergiessenden Flüsse liegen während des grössten Teils des Jahres trocken und bilden selbst zur Regenzeit selten ununterbrochene Wasseradern (Swakop, Kuisseb). Quellen finden sich in grösserer Zahl im Hererolande; hier ist auch die Regenmenge bedeutender als in Gross-Namaland.

Das Klima ist im Sommer heiss, aber trocken und gesund. Der Winter ist durchaus gemässigt und Nachtfröste sind im Innern nicht selten.

Der Küstenstrich ist gleichmässig kühl und hat bis 50 km landeinwärts nur Nebelniederschläge. Vorherrschende Winde aus südlicher Richtung, in der wärmeren Jahreshälfte (Oktober—März) auch Winde aus nördlicher Richtung, welche die Hauptregenzeit von Januar bis März verursachen.

Verwaltung: An der Spitze der Gouverneur. Das Schutzgebiet zerfällt in die 6 Bezirke: Keetmannshoop, Windhoek, Otyimbingwe, Gibeon, Swakopmund und Outyo. Diesen sind eine Anzahl von Ortspolizeibehörden unterstellt. Die Bergbehörde befindet sich in Windhoek.

Stationen (von N nach S und W nach O geordnet). Offizierstationen: Grootfontein in Damaraland, Franzfontein, Outyo, Omaruru, Okahandya, Swakopmund, Otyimbingwe, Windhoek, Gobabis, Gibeon, Keetmannshoop. — Unteroffizierstationen: Otavifontein, Cap Cross, Okombahe, Gr. Barmen, Haigamkhab, Ururas, Rehoboth, Grootfontein im Namalande, Koes, Lüderitzbucht, Uhabis, Warmbad, Ukamas — ferner Marienthal, Khabus, Haaseuer.

Schutztruppe: Dieselbe besteht 1897 aus einem stellvertretenden Kommandeur, 30 Offizieren, Aerzten und Beamten, 6 Zahlmeisteraspiranten und 740 Mann. Zur Unterstützung der Ortspolizeibehörde ist ein Polizeikorps aus abkommandierten deutschen Mannschaften der Schutztruppe und farbigen Polizisten errichtet worden.

Handel und Verkehr: Die Schiffsverbindung mit Deutschland bewerkstelligt seit 1898 die Woermann-Linie am 25. jeden Monats. Die Schiffsverbindung zwischen Kapstadt und Walfischbai vermittelt der Küstendampfer „Leutwein", Abfahrt alle 5 Wochen. Verkehrsmittel im Innern für Personen und Frachten ist der Ochsenwagen; mit 10 bis 20 Ochsen bespannt, legtderselbe täglich, beladen mit 30 bis 50 Centnern, 18 bis 35 km zurück.

Der Bau einer schmalspurigen Feldbahn von Swakopmund nach Windhoek ist von der Regierung im Jahre 1897 in Angriff genommen worden; eröffnet sind ca. 40 Kilometer.

Eingeführt werden fast alle Gegenstände des europäischen Marktes, insbesondere Getränke, Tabak, Kaffee, Konserven, Mehl, Reis, Bekleidungs- und Schmucksachen. Einfuhr 1897: 887 325 Mk.

Ausgeführt werden Viehhäute, Hörner, Straussenfedern, Harze, Gerbstoffe, Guano (Cap Cross), rohe Felle. Ausfuhr 1897: 1 246 749 Mk.

Die der Küste vorgelagerten Guanoinseln (zwischen 24° 37′ und 28° S), sowie das Territorium der Walfischbai sind im Besitz der Kapkolonie.

Deutsch-Ostafrika. [Karte No. 6.]

Grösse mit den dazu gehörigen Wasserflächen 995 000 □ km (= 2 Deutsches Reich).

Bevölkerung mehr als 4 Mill. Einwohner. Wesentlichster Bestandteil Bantuneger. Die Bantu des südlichen Teils des Schutzgebietes sind den Sulus verwandt. In den Steppen des Nordens bis in die Mitte des Schutzgebietes wohnen die republikanisch organisierten, von Norden eingedrungenen Massais (Hamiten mit der Sprache der Nilotischen Völker). Im Nordwesten, zwischen Victoria- und Tanganyika-See wohnen als herrschende Klasse inmitten von Bantu die hamitischen Wahuma oder Watussi. Zu den Sulustämmen des Südens gehören die monarchisch organisierten Wahehe (im Flussgebiet des Rufiyi) und die Mafiti, beide Stämme sind von Süden eingedrungen.

Ein Mischvolk von Arabern und Eingeborenen sind die Suaheli. Neben den Eingeborenen wohnen an der Küste: Araber (Maskat- und Schihiriaraber), Beludschen, Inder, Parsi, Goanesen, Syrer, Aegypter, Türken, Europäer: 922, darunter 678 Deutsche.

Bodengestaltung: Deutsch-Ostafrika ist ein Teil des sich von Abessinien bis Kapstadt erstreckenden Hochplateaus; dasselbe, vom Indischen Ocean landeinwärts ansteigend, gliedert sich durch mehrere meridional verlaufende Längsspalten (Gräben) und erhebt sich im Schutzgebiet zu einer Höhe von 1000—1500 m und darüber.

An der Nordgrenze der doppelgipflige Kilimandjaro (westliche Spitze: Kibo, nach Dr. H. Meyer 6010 m, nach von Höhnel 6130 m, östliche Spitze: Mawensi, nach Dr. H. Meyer 5300 m, nach von Höhnel 5545 m) bedeckt eine Fläche von 3770 □ km oder 67 deutschen □ Meilen. Dem Kilimandjaro zunächst zur Linken des Pangani, das nach Westen steil abfallende Paregebirge, östlich davon nahe der Küste das Handeïgebirge (Kaffeeplantagen). Als Fortsetzung des Paregebirges erscheint auf dem rechten Panganiufer die Terrasse von Useguha. Mit dem Gebirge von Nguru beginnt das durch Ussagara und Uhehe bis zum Nyassa in einem Bogen sich fortsetzende, dem Lauf der Küste folgende Randgebirge. Auf der Grenze zwischen Ussagara und Uhehe die Rubeho-Berge. In den Nyassabergen Gipfel von 3000 m, am Nordostende des Nyassa das Livingstonegebirge.

Bewässerung: Das Hochplateau im Innern ist wasserarm. In den Indischen Ocean (in der Reihenfolge von Norden nach Süden) ergiessen sich folgende Flüsse: der Umba (Grenzfluss im Norden), der Pangani (Quelle auf dem Kilimandjaro), der Wami und Kingani münden Sansibar gegenüber, der Rufidji (mit dem Ulanga und Ruaha, am Ausfluss des Rufidji die Insel Mafia), der Ruvuma, Grenzfluss im Süden, entspringt auf den Nyassabergen.

In den Tanganyika-See fliesst der Mlagarassi, in den Victoria-Nyansa der Kagera, der südlichste Quellfluss des Nils, dessen Quellen noch nicht festgestellt sind.

Zum Teil zum deutschen Schutzgebiet gehören die drei Süsswasserseen Afrikas: der Victoria-Nyansa (1180 m über dem Meeresspiegel, 66 000 □ km gross = Königreich Bayern), der Tanganyika (880 m über dem Meeresspiegel, 35 000 □ km gross = Provinz Ostpreussen), der Nyassa-See (500 m über dem Meeresspiegel, 27 000 □ km gross = Provinz Westpreussen).

Westlich vom Kilimandjaro befinden sich der Guassonyiro-, der Eyassi- und der Manyara-See. Der nordwestlich vom Nyassa befindliche Rikwa-See liegt 780 m hoch und bildet ein abflussloses Becken, das augenblicklich fast ganz ausgetrocknet ist.

Klima: Deutsch-Ostafrika gehört in seiner ganzen Ausdehnung der tropischen Zone an. Vom Mai bis September weht der Südwestpassat, vom

Dezember bis März der Nordostpassat. Die Winde tragen die Feuchtigkeit über das Festland und bestimmen die Regen- und Trockenzeit. Im Innern wechselt eine durchschnittlich 6 Monate währende Regenzeit mit einer ebenso langen Trockenzeit ab.

An der Küste tritt nach den Regenzeiten (Ende Dezember bezw. Ende April) eine kühle Periode ein, in welcher die Temperatur des Nachts auf 10° C. sinkt, während sie bei Tage 35° C. und mehr beträgt.

Regierungssitz: Dar-es-Ssalâm. Das deutsche Schutzgebiet zerfällt jetzt in 22 Bezirke: Kilimandjaro, West-Usambara, Tanga, Pangani, Saadani, Bagamoyo, Dar-es-Ssalâm, Kissakki, Kilossa, Mpapwa, Kilimatinde, Tabora, Mwansa, Bukoba, Udjidji, Ukonongo, Iringa, Langenburg, Magwangwara, Kilwa, Lindi und Mikindani.

Stationen (von N nach S und W nach O geordnet). Schutztruppe: Dar-es-Ssalâm, Bukoba, Mwansa, Moshi, Marangu, Udjidji, Tabora, Kilimatinde, Pangani, Iringa, Mpapwa, Kilossa, Malangali, Kalinga, Dwangire, Ssongea. — Polizeitruppe: Kisswani, Wilhelmsthal, Masinde, Tanga (Ausgangspunkt der bis Muhesa fertiggestellten Eisenbahn nach Korogwe), Pangani, Saadani, Kissakki, Bagamoyo, Dar-es-Ssalâm, Langenburg, Barikiwa in Donde, Kilwa, Lindi, Mikindani.

Schutztruppe am 1. April 1897: 2139 Mann, davon 1694 eigentliche Truppe, 445 Landespolizei. November 1896 gab es 41 Offiziere, 17 Ärzte, 119 Zahlmeister, Unteroffiziere etc., 10 farbige Offiziere, 123 farbige Unteroffiziere, 1694 reguläre und 238 irreguläre Askaris.

Ausgeführt werden unbearbeitetes Elfenbein, roher Kautschuk, Sesam, Kopal, fossiles und Baumharz, Kokosnüsse, Matten, einheimische Bauhölzer, Hörner, Kopra, Kaffee, Thee, Kakao, Flusspferdzähne, Tabak etc. Gesamtwert der Ausfuhr 1897: 3 736 197 Rupien oder 5 146 611 Mk. 36 Pf. zum Kurse von Mk. 1,3775 die Rupie.

Eingeführt werden Baumwollwaren, geschälter Reis, Eisen und Eisenwaren, Wein, Mtama und Mawele (Negerkorn), Butter, Schmalz, Käse, Schinken, Speck, Fleisch, Bier, Mineralöl, Gemüse und Obst, Mehl, Tabak, Spirituosen etc. Wert der Einfuhr 1897: 6 840 731 Rupien oder 9 423 106 Mk. 95 Pf. zum Kurse von Mk. 1,3775 die Rupie.

Kaiser Wilhelms-Land. [Karte No. 7.]

Grösse: ungefähr 179 000 □ km (= 1/2 Preussen).

Bevölkerung: Wird veranschlagt auf 100 000 Einwohner. Melanesier oder Papuas mit zahlreichen von einander abweichenden, aber verwandten Mundarten.

Bodengestalt und Bewässerung: An der 800 km langen Küste zahlreiche Korallenriffe, kleinere Inseln und Einbuchtungen. Von letzteren sind die bedeutendsten der Huongolf und die Astrolabebai.

Das Innere ist noch wenig erforscht. Zwischen Huongolf und Astrolabebai das Finisterregebirge (3475 m), dem ein ca. 1000 m hohes Küstengebirge vorgelagert ist. Im Innern die noch unbekannte Kraetkekette und weiter südlich die Bismarckkette, welche vielleicht mit der Gordonkette identisch ist. Der im Jahre 1896 entsandten Expedition der Herren Dr. Lauterbach, Dr. Kersting und E. Tappenbeck ist die Entdeckung des grösstenteils schiffbaren Ramuflusses zu danken. Durch eine neuere Expedition wurde dessen Identität mit dem Ottilienflusse festgestellt und derselbe durch den Dampfer Johann Albrecht auf einer Strecke von 110 Seemeilen befahren.

Im Norden des Schutzgebietes der Kaiserin Augusta-Fluss, für grössere Fahrzeuge schiffbar, mit günstiger, nicht durch Riffe versperrter Mündung. In die Astrolabebai mündet der Gogolfluss, in den Huongolf der Markhamfluss.

Klima: Ausgeprägtes Tropenklima. An der Küste höchste Temperatur im Schatten 35° C., niedrigste 20° C., mittlere Jahrestemperatur 26° C. Vom April bis September Südostpassat, vom Oktober bis März Nordwestmonsun. Scharfer Unterschied zwischen Regen- und Trockenzeit in den meisten Jahren nicht vorhanden.

Stationen: an der Astrolabebai Friedrich Wilhelmshafen (Sitz des Landeshauptmanns), Konstantinhafen, Stephansort, Erima; Maraga, Jomba.

Der Norddeutsche Lloyd vermittelt über Singapore den Verkehr mit Neu-Guinea in achtwöchigem Turnus. Ausserdem Segelschiffverkehr mit Australien.

Eine kleine Schutztruppe wird von der Neu-Guinea Compagnie unterhalten. Schulen für die Eingeborenen sind von den Missionaren begründet worden.

Die Landeshoheit über Neu-Guinea, den Bismarck-Archipel und die nördlichen Salomoninseln wird von der Neu-Guinea Compagnie ausgeübt.

Exportiert werden hauptsächlich Tabak (von Stephansort 1896: 96 960 Pfd., 1897: 79 300 Pfd.), Copra, Nutzhölzer, Baumwolle, Trepang und Perlmutter. Der Wert der Einfuhr betrug 1896/7: 900 000 Mk.

Der Bismarck-Archipel. [Karte No. 7.]

Grösse: ungefähr 52 000 □ km (= 2/3 Bayern).

Bevölkerung: Wird veranschlagt auf ungefähr 180—200 000 Einwohner (Melanesier oder Papuas). Die Hauptinseln des Bismarck-Archipels sind die durch den St. Georg-Kanal getrennten Inseln Neu-Pommern mit der Gazelle-Halbinsel und Neu-Mecklenburg. Im Nordwesten die Admiralitätinseln. Im St. Georg-Kanal die Inselgruppe Neu-Lauenburg. Am nordwestlichen Ende von Neu-Mecklenburg die Insel Neu-Hannover.

Bodengestalt und Bewässerung: Sämtliche Inseln sind gebirgig. Auf Neu-Mecklenburg Berge bis zu einer Höhe von 1200 m. Neu-Pommern hat zahlreiche Küstenflüsse; Holmesfluss auf der Gazelle-Halbinsel.

Verkehrsmünze: Diwarra (Muschelgeld bei den Eingeborenen).

Ausfuhrartikel: Kopra, Baumwolle, Trepang, Perlmutter, Schildplatt. Der Wert der Einfuhr betrug 1896/97 ca. 700 000 Mk.

Stationen: Mioko (auf Neu-Lauenburg), Matupi (Blanchebai), Ralum u. s. w. Hauptstation: Herbertshöhe (Regierungssitz).

Der Handel wird namentlich durch die Deutsche Handels- und Plantagen-Gesellschaft der Südseeinseln und das deutsche Handlungshaus Hernsheim & Co., sowie durch das Haus Forsayth (Ralum) vermittelt.

Der Archipel hat ein durch die Meeresumgebung gemildertes Tropenklima. Geringster Regenfall meist Juli bis Oktober.

Nördliche Salomoninseln. [Karte No. 7.]

Grösse: ungefähr 21 000 □ km (= 1 Württemberg).

Bevölkerung: Geschätzt auf ungefähr 80 – 100 000 Einwohner (Melanesier, Kannibalen).

Die grösseren in deutschem Besitz befindlichen Inseln sind: Bougainville, Choiseul und Ysabel.

Auf Bougainville das Kaisergebirge mit dem vulkanischen Balbiberg (3067 m).

Das Innere der Salomoninseln ist noch unerforscht (dichter Tropenwald).

Klima: wie im Bismarck-Archipel.

Die Marshallinseln. [Karte No. 7.]

Grösse: ungefähr 400 □ km, auf etwa 353 Inselgruppen verteilt.

Bevölkerung: ungefähr 15 000 E., reine Mikronesier mit dunkler Hautfarbe. 83 Weisse, davon 43 Deutsche.

Die Inseln gehören zu Mikronesien und zerfallen in zwei Gruppen: die Ratackgruppe im Osten und die Ralikgruppe im Westen.

Hauptsächlicher Ausfuhrgegenstand: Kopra (1896/97: 2366 Tonnen).

Die Inseln stehen unter Reichsverwaltung.

Jaluit, Sitz des Kaiserlichen Landeshauptmanns. Bezirksamt auf Nauru.

Sehr feuchtwarmes, gleichmässiges Tropenklima (27° C.). Durchschnittlich etwa 300 Regentage im Jahre und 4000—5000 mm Regenmenge.

Ostasien. [Karte No. 8.]

Die Besetzung der zur chinesischen Provinz Schantung gehörigen Kiau-tschou-Bai und des um die Bai belegenen Bezirks durch Deutschland erfolgte am 14. November 1897 durch die Landung der unter dem Befehl des Viceadmirals von Diederichs stehenden deutschen Truppen. (Pachtgebiet = Hamburg. Einflussgebiet = ½ Königreich Sachsen).

Durch Vereinbarung mit der chinesischen Regierung sind dem Deutschen Reiche für die Dauer der vereinbarten Pachtzeit von 99 Jahren alle der chinesischen Regierung zustehenden Hoheitsrechte übertragen worden.

Es steht der deutschen Regierung frei, innerhalb des überlassenen Gebietes alle nötigen Baulichkeiten und Anlagen zu errichten und für den Schutz derselben die erforderlichen Massnahmen zu treffen. Das überlassene Gebiet umfasst die gesamten inneren Wasserbecken der Kiau-tschou-Bucht bis zur Hochwassergrenze, ferner die südlich und nördlich von dem Eingange der Bucht liegenden grösseren Landzungen bis zu deren natürlichen Abgrenzung durch die geeigneten Höhenzüge, sowie die innerhalb der Bucht und vor derselben gelegenen Inseln. Das abgetretene Gebiet hat einen Gesamt-Inhalt von einigen Quadratmeilen. Ausserdem ist eine weitere Zone festgesetzt, innerhalb welcher keine Massnahmen oder Anordnungen chinesischerseits ohne deutsche Zustimmung getroffen werden dürfen; die Grenze dieser Zone liegt überall 50 km von der des Pachtgebietes landeinwärts entfernt.

Eine deutsche Postagentur ist am Hauptsitz der Regierung in Tsingtau eröffnet worden.

Eine vierzehntägige Postdampfer-Verbindung zwischen Kiau-tschou-Bucht und Schanghai ist eingerichtet.

Ausgabe 2003
Verlagsgruppe Weltbild GmbH,
Steinerne Furt, 86167 Augsburg
Umschlaggestaltung und -motiv: Mario Lehmann,
Augsburg, unter Verwendung einer Originalvorlage
des Verlags von Dietrich Reimer (Ernst Vohsen)
Gesamtherstellung: Appl Firmengruppe GmbH,
Senefelderstraße 3–11, 86650 Wemding

Printed in Germany

ISBN 3-8289-0526-9